Publication de la Revue du Cercle Militaire

DEUX

ne pas ~~~~

SIÈGES DE BELFORT

PAR

LE CAPITAINE ESPÉRANDIEU

(Avec une Carte)

GER-LEVRAULT ET Cⁱᵉ, ÉDITEURS

PARIS   NANCY

e des Beaux-Arts, 5   18, rue des Glacis, 18

1902

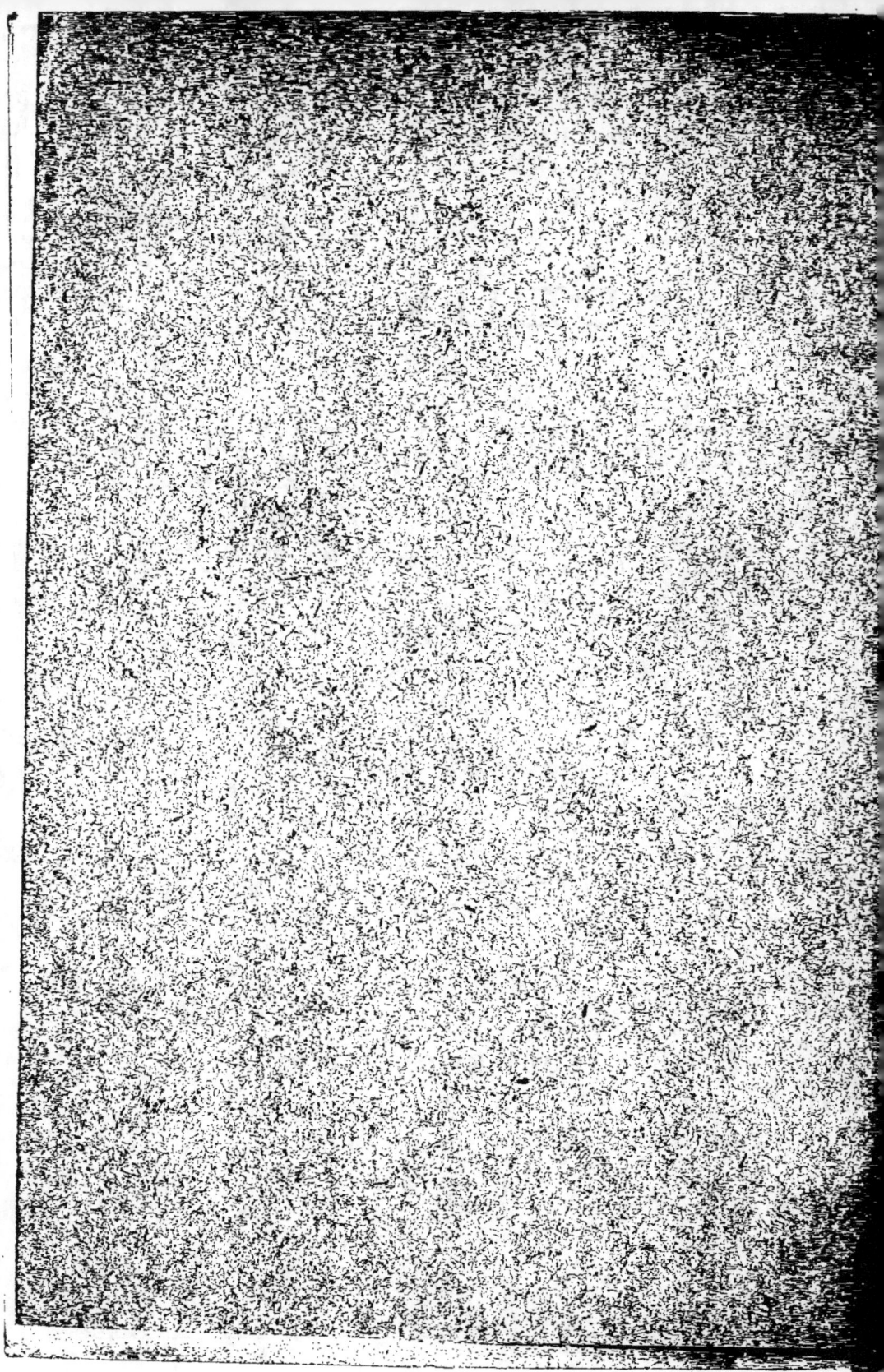

Publication de la Revue du Cercle Militaire

DEUX

SIÈGES DE BELFORT

PAR

Le Capitaine ESPÉRANDIEU

(Avec une Carte)

BERGER-LEVRAULT ET Cie, ÉDITEURS

PARIS
5, rue des Beaux-Arts, 5

NANCY
18, rue des Glacis, 18

1902

DEUX SIÈGES DE BELFORT

PAR

le Capitaine ESPÉRANDIEU

I

De tout temps, la valeur stratégique de Belfort a été considérable. Par sa position même au débouché de la trouée de Valdieu, au point où viennent aboutir les grandes routes de Strasbourg, de Bâle et de Porrentruy, cette place protège à la fois la Franche-Comté, la Bourgogne et la Lorraine. L'ennemi qui a franchi le Rhin entre Strasbourg et Bâle ne peut l'éviter ; aussi, est-il, en quelque sorte, permis de dire qu'elle a soutenu autant de sièges que la France a subi d'invasions par la Haute-Alsace. En 1814, en 1815, en 1870, pour ne parler que du dernier siècle, des troupes étrangères ont vainement cherché à s'en emparer par la force. La ténacité dont firent preuve les défenseurs de Belfort ne céda jamais que par le manque de vivres ou pour des causes politiques.

Le siège de 1814, longtemps ignoré dans ses détails, a trouvé naguère son historien. M. Arthur Chuquet lui a consacré quelques-unes des plus belles pages de son livre remarquable l'*Alsace en 1814* (1). Toutefois, M. Chuquet ne semble pas avoir connu les papiers d'archives de la place de Belfort. Il ne cite, du moins, que les extraits du journal du siège et de la correspondance qui sont conservés aux Archives de la guerre. Or, parmi ces papiers que M. le capitaine de réserve A. Pellorce, du service d'état-major, a été autorisé à consulter et qu'il a bien voulu résumer ou copier pour nous tout récemment, quelques uns méritent d'être signalés (2).

Par eux, notamment, la mémoire d'officiers valeureux est lavée d'imputations calomnieuses, uniquement issues de la haine que leur courage même et leur patriotisme avaient fait naître. Certains faits du siège de 1814 apparaissent tout dif-

(1) Paris, Plon-Nourrit et Cⁱᵉ, 1900.

(2) « *Cahier du Journal de siège. Détails des ordres donnés par le commandant d'armes, et de ce qui a été fait pour leur exécution, de même que pour la défense de la place et du château.— Cahier des délibérations du Conseil de défense de la place de Belfort, pour servir à y inscrire les délibérations du Conseil de MM. les chefs des corps, commandant de l'artillerie et du génie, ainsi que de MM. les inspecteurs et commissaires des guerres assemblés sous la présidence du commandant d'armes, conformément à l'article 105 du titre 4 du décret impérial du 24 décembre 1811* ». Ces deux cahiers furent ouverts le 21 décembre 1813 et clos le 15 avril 1814.

férents de ce qu'on les supposait. Telles démar-
ches dont l'initiative semblait due au gouverneur
de Belfort (1) furent faites, en réalité, par son
adversaire. De plus, certaines analogies entre les
événements de ce siège et d'autres qui se produi-
sirent cinquante-six ans plus tard ne sont pas
sans mériter quelque attention. Le colonel Denfert possédait suffisamment de qualités person-
nelles pour ne pas avoir besoin de s'inspirer de
celles d'autrui. Mais l'expérience du passé est toujours profitable, et les rapprochements dont nous
parlons, indépendamment de la leçon qui s'en
dégage, prouvent aussi, à ce que nous croyons,
que le vaillant défenseur de Belfort, en 1870,
n'avait pas été sans lire les documents du siège
soutenu par son devancier.

Dans les derniers jours de décembre 1813,
lorsque se répandirent les premiers bruits du
passage du Rhin par les armées de la coalition
formée contre la France, la place de Belfort était
commandée par le chef de bataillon Jean Legrand.
Né en 1759, soldat au régiment du maréchal de
Turenne en 1776, Legrand avait été promu sous-
lieutenant, au lendemain de la Révolution, dans
le corps dont il faisait partie, devenu le 37e régiment d'infanterie. Il avait combattu sur le Rhin,
s'était distingué à Kostheim où il reçut une blessure, et le Directoire l'avait nommé, en 1796,

(1) A. Chuquet, p. 272.

capitaine-adjudant de place à Belfort. Un arrêté du Premier Consul l'avait maintenu dans ses fonctions en lui donnant le grade supérieur. Ainsi, celui dont le comte Rapp devait dire plus tard qu'il avait fait « tout ce qu'on pouvait attendre d'un brave homme » (1) était commandant de place, dans la même ville, depuis dix-sept ans ! Ni son âge avancé, ni la longue période d'inactivité relative qu'il venait de traverser n'avaient eu de prise cependant sur ses qualités militaires. Sa vigoureuse conduite allait bientôt le prouver.

Les collaborateurs de Legrand étaient le sous-préfet Mengaud, général de division retiré du service après la bataille d'Hondschoote, où il fut grièvement blessé (2) ; le maire Quellain, ardent patriote, à qui les notables de la ville firent un crime d'avoir été l'agent le plus actif du « régime de terreur » organisé par les chefs militaires (3) ;

---

(1) Lettre du 17 avril 1815. (*Archives de la guerre.*) Voy. ci-après, p. 60.

(2) Des documents contemporains, suspects de partialité (Voy. A. CHUQUET, p. 265 et note 1), représentent le général Mengaud comme un incapable qui proposa la reddition en traitant Napoléon de brigand et de scélérat, et se retira du conseil de défense le 28 mars, en déclarant que la capitulation était nécessaire. Ils l'accusent de s'être « enterré dans les cachemattes » pendant toute la durée du siège. Nous ne saurions dire ce qu'il en est au juste de quelques-unes de ces assertions, encore qu'il soit peu croyable qu'un soldat d'Hondschoote ait eu peur ; mais il est absolument certain qu'il ne cessa pas, jusqu'au dernier jour, de faire partie du Conseil de défense. Il est mentionné présent aux quatre dernières délibérations prises les 24 mars, 8, 9, et 10 avril 1814, et sa signature, par surcroît, est apposée sur le registre, après chaque délibération.

(3) A. CHUQUET, p. 265.

le colonel Kail, qu'une grave blessure, reçue au combat de Culm, avait mis dans l'obligation de rentrer au dépôt de son régiment, le 63e d'infanterie (1) ; le major Delorme, commandant le dépôt du 14e chasseurs à cheval ; le chef d'escadron de Lalombardière, destitué, en l'an II, pour cause de noblesse, au moment de sa nomination au grade de sous-lieutenant, rétabli en l'an IV, alors qu'il servait comme simple soldat sous un nom d'emprunt, et que son courage sur maint champ de bataille avait déjà rendu célèbre ; le capitaine Emon, chef du génie depuis 1813 ; enfin, le quartier-maître Beaunier, du 14e chasseurs à cheval, qui fut chargé de la mission délicate d'assurer les subsistances de la garnison et s'acquitta de ses fonctions d'une manière remarquable (2).

* *

Pendant que ses armées triomphantes parcouraient l'Europe, Napoléon ne s'était que médiocrement occupé des forteresses françaises de son Empire. Tout manquait, à Belfort, vers la fin de 1813 : les vivres, le matériel, les soldats. Un décret du 11 novembre venait bien de prescrire d'approvisionner les places fortes ; mais, faute de temps ou

(1) Le colonel Kail marcha avec deux béquilles pendant toute la durée du siège.

(2) Beaunier, et le quartier-maître Grasset, du 63e d'infanterie, devaient se partager la tâche dans le principe ; mais Grasset, détesté par les habitants qui l'accusaient d'être trop rigoureux, démissionna de très bonne heure et ne fut pas remplacé.

pour d'autres causes, les préfets qui en étaient chargés n'avaient pu remplir que partiellement les intentions de l'Empereur. Celui du Haut-Rhin n'avait ravitaillé que les seules places de Huningue et de Neuf-Brisach.

Des fortifications que le commandant Legrand allait défendre, la plupart avaient considérablement perdu de leur valeur. Certaines parties tombaient en ruines. Dominées à moins de 1.000 mètres par les hauteurs de la Justice, de la Miotte et de la Perche, les remparts de l'enceinte n'avaient plus de canons. Le château seul, que sa position escarpée rendait inabordable, avait été mis en état de défense sur l'ordre du général d'Aboville, et disposait d'une artillerie suffisamment nombreuse. On y avait accumulé toutes les munitions de l'arsenal, et il s'y trouvait des souterrains qui rendirent de grands services.

La garnison ne se composait que de 1.127 recrues retenues au dépôt du 63ᵉ d'infanterie et du 14ᵉ chasseurs à cheval en raison de leur mauvais état de santé, et de 506 gardes nationaux formant une cohorte urbaine. Les recrues ne manquaient pas de bonne volonté ; mais leur instruction militaire était à peu près nulle. Plusieurs n'eurent jamais d'armes. Quant aux gardes nationaux, on ne sait que peu de chose sur leur rôle, sinon qu'ils se plaignirent constamment. On s'était, du reste, trouvé dans l'impossibilité de leur donner des fusils.

Sauf deux officiers, dont le commandant de Lalombardière, les canonniers faisaient complètement défaut.

.＊.

A la veille même d'être investi, le commandant Legrand se trouve donc privé de toutes les ressources les plus urgentes. Le 16 décembre, il avait vainement insisté auprès du général Desbureaux, commandant de la 5e division militaire, pour s'en procurer. Le 22, il reçoit une lettre du lieutenant Sommer, commandant la gendarmerie d'Altkirch, l'informant que l'ennemi a passé le Rhin à Bâle. Sous la pression même des événements, il organise son Conseil de défense, dont font partie le colonel Kail, le major Delorme, le capitaine Florance, commandant la cohorte urbaine, le chef d'escadron de Lalombardière, le capitaine Emon, le sous-préfet Mengaud, le maire Quellain, faisant fonctions de commissaire des guerres, et le secrétaire archiviste Ledain. Puis, il requiert sur-le-champ le sous-préfet Mengaud de faire entrer dans le plus court délai, dans les magasins de la place, 102.000 rations de farine, de viande, de vin, de vinaigre, d'eau-de-vie, de sel, de légumes secs, de bois et de paille. Il ordonne aux habitants de se pourvoir pour deux mois de vivres. Enfin, il envoie dans les communes avoisinantes deux détachements de 50 hommes chacun, qui ont pour mis-

1.

sion de réquisitionner, contre reçu, le bétail et les grains et farines disponibles (1).

Il est à supposer qu'à la réception de la lettre de Legrand, Desbureaux rendit compte à l'Empereur, car on trouve la lettre suivante dans la *Correspondance* de Napoléon, sous le n° 21.082 :

> Au Maréchal Mortier, duc de Trévise, commandant la vieille garde, à Langres.
>
> 10 janvier 1814.
>
> Mon cousin, je vous envoie une lettre du commandant de Belfort. Tâchez de lui faire savoir par des paysans qu'il ait à tenir jusqu'à la dernière extrémité, et que tout se met en mouvement pour le secourir.

Les ordres de l'Empereur ne parvinrent certainement pas à leur adresse ; s'il en eût été autrement, Legrand n'aurait pas eu besoin d'envoyer un émissaire au Gouvernement, comme nous verrons qu'il le fit le 8 mars. Mais la suite de ce récit prouvera que les exhortations de Napoléon n'étaient pas nécessaires pour activer l'ardeur et le courage du commandant de la place de Belfort.

Un hasard heureux venait, dans le même temps, de lui procurer des renforts. « Des détachements d'infanterie et un détachement du train d'artillerie passaient par Belfort pour se rendre à Strasbourg lorsqu'arriva la nouvelle de l'irruption des Alliés. Legrand les retint dans la place. C'étaient

---

(1) *Cahier des délibérations*, 10 avril 1814.

des conscrits piémontais, pour la plupart malin-
gres, inexpérimentés, presque tous sans capotes et
sans armes. Legrand leur distribua du moins des
fusils de rempart, et il organisa le corps des canonniers qui lui manquait en le composant des
soldats du train qu'il avait arrêtés, des cavaliers
démontés du 14e chasseurs, et de jeunes gens
choisis dans divers corps » (1).

* *

Le 24, les gardes forestiers sont réunis sous le
commandement du chevalier Duclos, garde général. On leur distribue des cartouches. Une
division bavaroise, conduite par le général Finc
Recberg (2), paraît le même jour devant Belfort et
commence le blocus. Dès le lendemain, le commandant Legrand est sommé de se rendre. De
Bessoncourt, le général Finc Recberg lui écrit que
l'armée des Alliés est dans l'intention de ménager
le pays; qu'elle ne veut occuper Belfort que pour
continuer sa route; que la place, d'ailleurs, ne

---

(1) A. CHUQUET, p. 266. Les détachements d'infanterie apparte-
naient aux 2e, 11e, 13e, 37e, 54e, 79e et 93e régiments. (Voy. GEORGE,
Notice sur Belfort, 1878, pp. 433 à 440.)

D'après Legrand (lettre du 14 mai 1814), la garnison de Belfort
aurait compté 2.600 hommes, « y compris 400 estropiés attendant
leur retraite ». (Voy. A. CHUQUET, p. 267).

(2) Le nom de cet officier général est ainsi orthographié dans les
documents existant aux archives de Belfort, de même que le nom
du commandant des troupes autrichiennes y est écrit Schwar-
tzemberg ou Schwartzenberg.

peut pas être secourue, et qu'il lui suffira d'un
jour de résistance pour être « abîmée ». Le commandant Legrand fait répondre par le major
Delorme qu'il ne sait pas transiger avec ses devoirs; que l'honneur et les règlements militaires
lui prescrivent également de résister, et que la
place sera vigoureusement défendue.

Le 26, le 27 et le 28 sont employés, de la part
de l'ennemi, à resserrer le blocus; de la part du
commandant Legrand, à faire transporter dans le
château, « essentiel à conserver dans les circonstances présentes », des approvisionnements de tout
genre pour le service de la garnison. Les postes
sont renforcés. De grosses patrouilles d'infanterie,
placées dans les faubourgs, parcourent et sur-
veillent les routes. On dépave les rues pour empêcher l'éclatement des projectiles, et des pompes,
avec leurs agrès, sont installées sur différents
points. Quelques coups de feu sont échangés aux
avant-postes. Dans une de ces rencontres, le 28,
les Bavarois font quinze prisonniers, mais perdent,
de leur côté, deux morts et dix blessés.

Le 29, l'ennemi se montre plus menaçant. Une
de ses patrouilles vient tirer sur les sentinelles
des remparts. Le cadran de l'horloge est traversé
par une balle. Le commandant Legrand multiplie
les postes extérieurs et fait ébaucher quelques
travaux. Sur son ordre, le capitaine Emon brûle
plusieurs maisons qui gênent le tir dans les faubourgs de France et de Brisach. La population

s'indigne de ces mesures dont elle ne comprend pas la portée, et la situation de Legrand n'en devient que plus difficile. Il fait alors afficher un extrait du décret impérial du 24 décembre 1811, sur la défense des places de guerre. Il adjure les Belfortains, ceux notamment de la cohorte urbaine, de seconder les efforts de la garnison et, par là, de donner l'exemple du « dévouement français ». Aux soldats, il laisse entendre que la patrie a les yeux sur eux, qu'une armée marche à leur secours, et que bientôt leur expérience sera au niveau de leur bonne volonté.

Le 30, on se bat de 10 heures du matin à 4 heures du soir sur la route de Besançon. Les Français comptent huit morts et sept prisonniers. Le même jour, le commandant d'armes se concerte avec le conseil de défense. Malgré le défaut d'instruction de presque toute la garnison, malgré le manque d'habillement, d'équipement et d'armes, on décide qu'une sortie doit avoir lieu. Il est fait un choix, dans chaque corps, « des hommes présumés être à même de mieux tirer » et des instructions « claires, précises et détaillées » sont données aux officiers qui doivent les conduire.

La sortie s'exécute le 31, à 2 heures de l'après-midi. Une petite troupe de 300 fantassins, de 40 chasseurs à cheval et de quelques canonniers improvisés conduisant une pièce de canon, y prend part sous les ordres du capitaine Dupuy, du 2e de ligne. Les détails manquent sur les effets

de cette sortie. Il est probable que les Bavarois
eurent vite raison de cette poignée d'hommes,
assez braves, malgré toute leur inexpérience des
choses de la guerre, pour oser les défier. Quoi
qu'il en soit, le général Finc Recberg profita de
l'événement pour envoyer une seconde sommation, dont voici les termes :

Pérouse, le 31 décembre 1813.

Monsieur le Commandant,

Toujours disposé à faire cesser des dévastations qui ne
peuvent plus tendre à rien qu'à incendier et verser encore
plus de sang, je crois pouvoir vous proposer, monsieur le
Commandant, d'être satisfait de la bravoure que vous avez
montrée et des essais que vous avez faits.

Vous n'ignorez probablement pas le passage de quatre
armées coalisées et leurs succès sur la rive gauche du Rhin.

Les principes de gloire ont certainement des bornes ; je
pense que vous devriez profiter de la dernière occasion, que
je suis dans le cas de vous offrir, pour ne pas nous empêcher de faire usage, dans les derniers moments de confu-
sion, de ces principes de considération et d'humanité dont
nous nous faisons gloire.

Recevez, monsieur le Gouverneur, l'assurance de ma haute
considération.

Le général de division,
commandant les troupes bavaroises,
Finc Recberg.

Le commandant Legrand refusa de négocier par
ces lignes admirables :

31 décembre 1813.

Monsieur le Général,

Comme vous je voudrais que le sang cessa (*sic*) de couler ;
mais un militaire, vous le savez très bien, n'a rien fait pour
son pays quand il n'a pas fait tout ce qu'il pouvait faire.

Les dévastations, monsieur le Général, ne font rien au sort de la place; pourquoi donc en faites-vous? Les Français, quand ils connaîtront la manière dont vous avez traité les habitants de Belfort, redoubleront d'énergie pour éviter le même sort.

La Gloire peut avoir des bornes, mais l'Honneur n'en a point : je suis décidé à me le conserver intact, ainsi qu'à toute la garnison qui partage mes sentiments.

Nous ne connaissons pas la force des puissances coalisées, mais nous espérons tout de notre Empereur et de la Patrie.

Agréez, s'il vous plaît, Monsieur le Général, l'expression bien sentie de tous les sentiments qui vous sont dûs.

Le chef de bataillon, commandant d'armes,

LEGRAND.

Le général Finc Recberg, en recevant cette ré-ponse, désespère d'avoir raison de l'héroïque entê-tement de son adversaire. Le bombardement de la ville pendant deux nuits de suite, les 30 et 31 dé-cembre, avec des pièces de petit calibre placées trop loin, à la ferme Gasner ou des Barres, n'ayant donné que peu de résultats, son inten-tion, d'ailleurs, étant, ainsi qu'il l'avait dit, de marcher sur Paris, il ne laisse devant Belfort qu'une brigade et se remet en route.

* *

Le 2 janvier 1814, la brigade bavaroise du blocus est remplacée par une division autri-chienne de réserve conduite par le lieutenant-général baron Bianchi. Pendant près de sept jours, cette division s'installe et laisse à la ville un certain répit. Le commandant Legrand le met à profit pour prescrire de nouvelles mesures concernant le siège et faire opérer des réquisitions de denrées chez des particuliers qu'on lui signale.

Le 8, le lieutenant-général Bianchi envoie cette troisième sommation :

Monsieur le commandant,

Tout est disposé pour commencer incessamment le bombardement de Belfort. Si vous jugez de votre intérêt d'éviter un aussi grand malheur aux habitants nombreux de cette ville, vous le pouvez par la reddition d'une place que les armées combinées ont déjà devancée de plus de 30 lieues, et qui sont bien au delà des forces nécessaires pour soutenir des opérations qui désormais ne peuvent plus manquer d'avoir ces grands résultats qui font les vœux de toute l'Europe.

Je vous offre des conditions honorables pour les armes que vous servez, avantageuses pour une population qui n'a déjà que trop souffert.

J'ai l'honneur d'être avec une haute considération, Monsieur le Commandant, votre très humble et très obéissant serviteur.

BIANCHI,
Lieutenant-général au service de Sa Majesté l'Empereur d'Autriche.

Le commandant Legrand reste sourd aux propositions qui lui sont faites. Le lieutenant-général Bianchi en est avisé par cette lettre :

Belfort, le 8 janvier 1814.

Monsieur le Général,

Aucune considération ne me fera jamais écarter des devoirs qui me sont prescrits par l'honneur ; rendre la place que j'ai l'honneur de commander serait manquer à l'un et à l'autre, puisque j'ai tous les moyens de la défendre très longtemps. Cette seule raison doit suffisamment vous prouver, monsieur le géné·al, qu'il n'y a pas de condition qui puissent être honorable pour moi ni pour la garnison, et quant aux habitants, quelque sensible que je sois à leur malheur, cela ne m'empêchera pas de remplir mes obligations envers mon Souverain et ma patrie.

J'ai l'honneur d'être, etc.,

LEGRAND.

Dans la nuit du 8 au 9, vers minuit, l'ennemi ouvre son feu et le continue, sans interruption, jusque dans la soirée du 9. L'artillerie du blocus, renforcée de 12 canons russes envoyés par le prince de Schwarzenberg, commandant des forces autrichiennes, couvre la ville et le château de projectiles, et allume des incendies que l'on éteint péniblement. Plusieurs habitants sont tués ou blessés. Presque toutes les maisons sont endommagées ; la consternation est générale et la population se lamente. La garnison, trop faible pour faire le service de la place et du château, reste tout entière sous les armes ; elle perd sept hommes tués ou blessés. A 8 heures du soir, le lieutenant-général Bianchi, comptant sur l'effet démoralisateur du bombardement sans merci qui vient de se produire, dépêche au commandant Legrand un autre parlementaire porteur d'une quatrième sommation dont voici le contenu :

Monsieur le Commandant,

Le sort de la ville ne doit-il donc pas être indépendant de celui du château ?

Qu'en deviendront les habitants de la première, si vous m'obligez à continuer le bombardement, si le blocus auquel rien ne peut plus s'opposer se prolonge enfin ?

Certes, ce n'est pas une nouvelle situation dont il y a question ici. Votre expérience de guerre et votre devoir militaire vous ont longtemps prescrit la conduite à tenir en pareil cas.

Mais permettez que j'excite votre attention sur la différence de ce qui appartient à la défense des places et de ce qui n'est que ruine, ravage et malheur de la population. Si vous conservez le château de Belfort, vous êtes toujours maître de tous les avantages que la partie vraiment fortifiée vous offre. Un peu de temps et vous serez obligé, après avoir fait périr bien des victimes innocentes, d'abandonner une ville qui ne pourra trouver assez de nourriture dans son sein, et qui sera incendiée de fond en comble.

Ne voudriez-vous donc pas suivre à cet égard l'exemple de plusieurs places fortifiées, occupées encore par une partie de votre armée et cernées par des forces des puissances coalisées ? Il y a les châteaux d'Erfurt, de Wurtzbourg et beaucoup d'autres qui ont déclaré les villes adjacentes séparées des fortifications, et qui ont par cette mesure d'humanité qui ne déroge nullement aux devoirs militaires, sauvés les habitants.

Veuillez me donner quelque réponse, et tâchez à ne point faire plus de mal que nécessaire. La vraie gloire n'en est que plus satisfaite.

J'ai l'honneur d'être, avec la plus haute considération, monsieur le Commandant, votre très humble et très obéissant serviteur.

BIANCHI,
Lieutenant-général.

Bavilliers, le 9 janvier 1814.

Il n'est pas douteux qu'en toute autre circonstance, le commandant Legrand n'aurait pas mieux accueilli ces propositions nouvelles qu'il ne l'avait fait des précédentes. Mais les remparts de la ville sont dégarnis de canons, le nombre des soldats ne suffit pas pour y suppléer et les habitants récriminent. Il croit comprendre qu'il se trouvera bientôt dans la nécessité de circonscrire la lutte à la défense seule du château et il écrit :

Monsieur le Général,

Je reçois à l'instant la lettre que vous m'avez fait l'honneur de m'écrire ; la réponse demande des réflexions que je dois soumettre au Conseil de défense qui ne peut de suite s'assembler.

Demain avant midi, monsieur le Général, vous aurez une réponse motivée ; mais dans la situation de choses, je pense que le feu doit cesser de part et d'autre ; je donne des ordres en conséquence.

L'officier supérieur qui se rendra près de vous aurait besoin d'un sauf-conduit que je vous prie de m'envoyer.

J'ai l'honneur, etc.,

Le Commandant d'armes,
LEGRAND.

P.-S. L'officier porteur de la présente attendra votre réponse, monsieur le Général, ainsi que le sauf-conduit.

Le 10, le commandant Legrand demande au commandant de Lalombardière « un rapport court et succinct sur les hommes qu'il a à sa disposition pour le service de l'artillerie et ses ressources, évidemment minimes, pour pouvoir, au besoin,

assurer et régulariser le service de son arme ». Il
s'informe auprès du capitaine Emon de « la situation des travaux que, malgré son zèle et sa bonne
volonté, il ne lui pas été possible de terminer, et de
ceux nécessaires à la défense de la place. » Puis,
tous les renseignements recueillis ne confirmant
que trop son propre jugement, il envoie le colonel
Kail, qu'il charge de remettre la lettre suivante :

A M. le Lieutenant-Général Bianchi, commandant les troupes
de Sa Majesté l'Empereur d'Autriche, formant le blocus
de Belfort, à Bavilliers.

Monsieur le Général, l'humanité qui fait la base de la
lettre que vous m'avez fait l'honneur de m'écrire m'a décidé
à assembler le Conseil de défense pour y répondre.

Nous désirons par le même Esprit d'humanité que la
ville de Belfort soit entièrement neutre, c'est-à-dire que la
garnison cessera d'avoir aucune relation avec elle et que les
armées alliées suivront la même convention.

Le fort n'entre pour rien dans ladite convention et con-
serve toute son indépendance.

La garnison aura dix jours pour monter dans le fort.

La bourgeoisie aura la police de la place et les postes des
armées alliées ne pourront être plus rapprochés qu'ils ne le
sont en ce moment.

L'officier supérieur qui vous remettra la présente a toute
ma confiance et pourra entrer dans des détails qu'il me fera
connaître à son retour et que je soumettrai au Conseil.

Veuillez bien, je vous prie, Monsieur le Général, agréer
l'assurance de la haute considération et des sentiments dis-
tingués avec lesquels j'ai l'honneur d'être,

Le commandant d'armes de la place et château
en état de siège,
LEGRAND.

Le lieutenant-général Bianchi ayant fait à cette lettre différentes objections, et surtout ayant réservé au prince de Schwarzenberg la ratification de toute convention à intervenir, Legrand écrit encore :

10 janvier 1814.

A M. le Lieutenant-Général Bianchi, commandant les troupes de Sa Majesté l'Empereur d'Autriche, formant le blocus de Belfort, à Bavilliers.

Monsieur le général, d'après l'entrevue qui a eu lieu ce matin entre Votre Excellence et M. le Colonel du 63e régiment d'infanterie de ligne, par suite de votre lettre du 9 courant, j'ai l'honneur de vous demander :

1o La neutralité absolue de la ville de Belfort, qui ne devra être occupée par aucune des parties belligérantes et pour en assurer la garantie, je propose qu'il soit nommé des commissaires de part et d'autre.

2o Dans le cas que vous consentirez à ma demande, ainsi que Son Altesse le Prince de Schwartzenberg, la garnison aura six jours pour se retirer au fort, à dater de celui que votre réponse me sera notifiée.

La présente, Monsieur le Général, n'est qu'additionnelle aux propositions que j'ai eu l'honneur de vous faire par ma lettre de ce jour.

Agréez, Monsieur le Général, etc.

Le commandant d'armes,
LEGRAND.

L'accord se produit cette fois et les hostilités cessent de part et d'autre. Des trois brigades — Haugwitz, Beck et Gualenberg — dont dispose le lieutenant-général Bianchi, il ne reste plus sous les murs de Belfort que la dernière. Jusqu'au 13,

l'ennemi se conforme loyalement aux dispositions
convenues. Des commissaires sont nommés et le
commandant Legrand donne pour instruction, aux
officiers supérieurs qu'il désigne, d'obtenir que
« la ville jouira des avantages des habitants de la
campagne, pourra communiquer avec eux et ne
sera sujette à aucune réquisition ». Le 14, un
revirement se produit. Le lieutenant-général Bianchi écrit à Legrand que le prince de Schwarzenberg
ne consent pas à la neutralité de Belfort et que
les opérations contre la ville vont reprendre.

Une parenthèse nous paraît ici nécessaire. Il
peut sembler surprenant que le général en chef
des forces autrichiennes n'ait pas ratifié une convention dont l'un de ses subordonnés avait eu
l'initiative. On pourrait croire à quelque ruse de
guerre, d'autant que le premier soin du lieutenant-général Bianchi est de ne conserver qu'une
brigade et de renforcer, par les deux autres qu'il
commande, le corps du prince de Schwarzenberg.
Ce serait, pensons-nous, une hypothèse gratuite.
Les documents du siège ne permettent pas de dire
que Bianchi fut de mauvaise foi, et il serait ex-
cessif d'incriminer l'officier autrichien pour un
sentiment qui peut bien n'avoir été que généreux. Mais le refus de Schwarzenberg s'explique
parfaitement. En acceptant la neutralité de la
ville, il se privait de tout le bénéfice d'une capitulation qu'il pouvait croire très prochaine. Réfu-
gié dans le château, n'ayant plus à compter ni

avec la garde des remparts de l'enceinte, ni avec
les besoins des habitants, ni surtout avec leurs
récriminations, le commandant Legrand devenait
inexpugnable. Les exemples d'Erfurt et de Würz-
burg, que Bianchi avait invoqués, n'étaient pas
comparables. L'intérêt que l'on avait à ménager
ces villes allemandes n'existait pas pour Belfort.
Le départ des deux brigades autrichiennes trouve,
d'ailleurs, son explication toute naturelle dans
l'arrivée d'autres troupes. Dès le 14, de grands
mouvements se font hors de portée du canon de
la place, notamment entre Danjoutin et Bavilliers. Trois régiments de grenadiers russes, un
régiment de cuirassiers de même nationalité et un
régiment de Cosaques, conduits par le général de
cavalerie Rajevsky, arrivent et s'installent.

Le commandant Legrand, déçu dans ses espé-
rances, reprend sa liberté d'action par cette lettre,
qui ne manque pas de grandeur :

A M. le Général Bianchi, commandant les troupes
autrichiennes, à Bavilliers.

Monsieur le Général, son Altesse Sérénissime le Prince
de Schwartzenberg ne croyant point devoir accepter la
convention que j'ai eu l'honneur de transmettre à Votre
Excellence relativement à la neutralité de cette ville, je ne
puis que me renfermer dans les dispositions de ma lettre
du 8 de ce mois.

J'ai accordé toutes les conditions qui pouvaient se conci-
lier avec mon honneur et les devoirs de ma place ; puisqu'elles ne peuvent être conformes aux intentions de Son
Altesse Sérénissime le Prince de Schwartzenberg, la garni-

son que j'ai l'honneur de commander, ainsi que moi, sommes disposés à supporter avec résignation les horreurs qui sont inséparables d'un bombardement.

Croyez, je vous prie, etc.

Le commandant d'armes,
LEGRAND.

En prévision de ce bombardement, Legrand ordonne, si l'ennemi tire pendant la nuit, « de lui répondre avec autant de succès que possible, afin de lui faire connaître que la place et le château ont du canon et des munitions ».

La journée du 15 se passe sans incidents. Le lieutenant-général Bianchi lève ses cantonnements et gagne Vesoul, avec sa brigade. Il fait ses adieux à la ville en tirant sur elle une centaine de coups de canon.

Le lendemain, des bruits de voitures, entendus du côté de Pérouse, apprennent à la garnison l'arrivée de nouvelles troupes. Legrand fait paraître des prescriptions contre le pillage et la dévastation des maisons. Les rigueurs de l'hiver se font sentir et le brouillard produit par la neige, qui tombe en grande quantité, s'oppose à toute canonnade.

La ration de pain est réduite à 20 onces; la différence est compensée par un quart de litre de vin ou un seizième de litre d'eau-de-vie.

Le 17, le général Rajevski s'éloigne à son tour avec les Russes. Le blocus de Belfort est confié à la brigade autrichienne du général Schaeffer, renforcée d'un *polk* de cent cinquante cosaques du Don.

* *

Le premier acte du général Schaeffer est encore de sommer la place. Des habitants étaient sortis de la ville et des faubourgs et avaient demandé la permission de traverser les lignes ennemies en invoquant la disette dont ils souffraient. Le 19, le général Schaeffer propose, pour remédier à cette disette, d'occuper Belfort jusqu'au pied de la citadelle. Il s'engage à n'attaquer le château que du côté de la campagne, si le commandant Legrand n'entreprend rien d'hostile contre la ville, mais il prévient, en cas de refus, qu'il renverra sans pitié tous les habitants qui se présenteront, et ne séparera pas le sort de la ville de celui du château.

Le commandant Legrand ne se départit pas de sa fermeté. Le 20, il transmet au général Schaeffer la réponse suivante :

> A Monsieur le Général Commandant les troupes autrichiennes formant le blocus de Belfort, à Bavilliers.

> Monsieur le Général, les sentiments d'humanité que vous manifestez dans la lettre que vous m'avez écrite le 19 courant renferment les principes d'honneur que je professe et qui doivent être ceux de tout militaire.

> Je ne doute pas, monsieur le Général, que vous ne signaliez votre commandement par tous les actes de modération que vous voulez bien m'annoncer et dans lesquels je me

plais à reconnaître mes sentiments de sollicitude pour les habitants de la ville que je commande.

Daignez, monsieur le Général, m'entendre un moment.

L'intérêt des puissances coalisées est sans doute d'avoir la ville de Belfort, celui de la France est de la conserver; mon honneur me fait l'obligation de la défendre.

Des habitants se sont permis de passer vos avant-postes : ils l'ont fait sans ma participation, mais s'il est un motif auquel on puisse attribuer leur fuite de la ville, il n'est causé que par la crainte d'un bombardement que des femmes, et peut-être quelques hommes pusillanimes, ont sans doute redouté, car nous ne craignons encore rien relativement à nos ressources.

Quant aux dispositions hostiles dont vous menacez les bourgeois de Belfort, s'ils se présentent à vos avant-postes, votre humanité vous y fera sans doute réfléchir. Que peuvent des habitants paisibles, sur une garnison qui a tout pouvoir et toute autorité, souffrir et se taire. Je vais cependant, monsieur le général, les instruire de vos intentions à leur égard.

Fidèle à mes principes et à mes devoirs, je manifeste à Votre Excellence les mêmes sentiments d'honneur qui ont dicté les lettres que j'ai répondues à MM. les généraux alliés qui vous ont devancé dans votre commandement. Je dois servir mon Prince; en le servant, je suis sûr de mériter votre estime et c'est un point auquel j'attache un grand prix.

Agréez, etc.

Le commandant d'armes,
LEGRAND.

La situation de Belfort n'est cependant rien moins que brillante. Dès le 17, la viande est devenue rare. Les malades et les blessés s'entassent dans les hôpitaux. On en compte 226 le 23 janvier.

Le typhus, alors désigné sous le nom de « fièvre nerveuse », occasionne de grands ravages, d'autant que les médicaments font défaut pour le combattre. Près de la moitié des habitants sont dépourvus de toutes choses. Legrand vient à leur secours et fait abattre les arbres de la promenade pour leur procurer du bois. Une association de vingt dames se forme sous le nom de Dames de la charité et distribue quotidiennement quatre cents soupes.

Donnant le plus mauvais exemple, le procureur impérial Parrot excite les Belfortains contre le Conseil de défense. Il représente comme illégales les réquisitions qui sont ordonnées et la population maudit avec lui les « gens cupides » qui « prolongent les malheurs de la ville » en cédant à la garnison ce qu'elles possèdent.

Jusqu'au 29, le général Schaeffer se contente de faire tirer sur la ville chaque nuit. La garnison riposte en ménageant ses munitions. A cette date, le général Schaeffer est remplacé par le général Drechsel. Le nouveau commandant du blocus a sous ses ordres une brigade autrichienne amenée de Fribourg, et dont font partie : le 2e bataillon du régiment Kaiser-Infanterie, le 3e bataillon de ligne et le 1er bataillon de landwehr de Kollowrath. Sa cavalerie reste constituée par le polk de 150 cosaques qu'a laissé le général Rajevsky.

Le bataillon de Kaiser occupe Bavilliers, Danjoutin et Essert. Le bataillon de ligne garde Pérouse. La landwehr est à Valdoie, Offemont, La Forge et Cravanche. Quant aux cosaques, la majeure partie, avec leur commandant, sont à Bavilliers; une quarantaine à Phaffans.

Le 29 également, le commandant Legrand ordonne une sortie pour se procurer des vivres. Deux colonnes, comprenant un effectif total de 375 fantassins et 45 chasseurs à cheval marchent, avec 3 canons, sur Essert et Bavilliers. 300 soldats sans armes les suivent et sont chargés de la réquisition. La première colonne culbute sur Essert les avant-postes autrichiens. Elle fouille la ferme des Barres, mais une compagnie de Kaiser venant d'Essert, une compagnie de landwher partie de Cravanche, les cosaques de Bavilliers et aussi quatre compagnies de Colloredo, qui forment l'arrière-garde de la brigade Schaeffer, et sont revenues sur leurs pas au bruit de la fusillade, l'obligent à rétrograder.

La seconde colonne s'empare des fermes Lapostolest et Klopfstein et parvient jusqu'à Bavilliers. Elle est arrêtée par trois compagnies de Kaiser et rejetée dans le faubourg de France. Toutefois cette expédition ne demeure pas sans résultats. Elle donne confiance aux jeunes troupes de la garnison de Belfort et leur procure trois jours de viande. Du côté des Français, les pertes de la journée sont de « 6 tués, 70 blessés et 8 prisonniers, plus un cheval tué et 7 blessés ». Les Autrichiens, d'après le *Journal de siège*, auraient compté 250 hommes

tués ou blessés et 12 prisonniers; une autre relation contemporaine (1) limite ces dernières pertes
à 10 morts, 39 blessés, 10 prisonniers et un dis-
paru (2).

*
* *

Le général Drechsel, n'ayant encore à sa disposition que trois pièces d'artillerie laissées par
Schaeffer, demeure quelques jours sans inquiéter
la place. Le 4 février, la nouvelle de la bataille
de La Rothière lui suggère l'idée d'une sommation. Il écrit au commandant Legrand pour l'in-
former de cette victoire des alliés et pour lui
proposer « un accord amical », d'autant plus
acceptable, que la garnison de Belfort doit renoncer complètement à l'espoir d'être secourue. Le
commandant Legrand répond par cette lettre :

Belfort, 5 février 1814.

A Monsieur le Général commandant les troupes
autrichiennes formant le blocus de Belfort,
à Bavilliers.

Monsieur le Général, la nouvelle que vous m'avez fait
l'honneur de me transmettre par votre lettre du 4 de ce
mois, de la victoire remportée par les armées alliées, ne
peut influer sur la résolution que j'ai prise de défendre
jusqu'à la dernière extrémité la place qui m'est confiée; je
persiste donc, monsieur le Général, dans les mêmes senti-

---

(1) SCHELS, *Die Blokade von Belfort* (dans *Oesterreichische militä
rische Zeitschrifft*, 1845, p. 188). — Voy. *Journal de Pierron* (dans
Bull. de la Société belfortaine d'émulation, 1893, n° 12).

(2) Cf. A. CHUQUET, p. 274, note 1.

2.

ments que j'ai eu l'honneur de manifester à messieurs les Généraux qui vous ont précédé. Quelques malheurs ou revers passagers, loin d'abattre l'énergie des Français ne serviront qu'à redoubler leur courage et leur dévouement pour leur Souverain et la Patrie.

La proposition que Votre Excellence me fait ne peut s'allier avec mes devoirs ni avec mon honneur, et, si j'y souscrivais, je ne me croirais plus digne de mériter votre estime.

Le Commandant d'armes,
LEGRAND.

S'il est relativement facile d'envisager froidement l'avenir dans une place abondamment pourvue, le commandant Legrand ne peut être que grandi par ses réponses, alors que tout manque autour de lui.

Le 20 janvier, la ration de pain a été réduite à 16 onces; la diminution est compensée par 8 onces d'avoine émondée (1). Le 30, la ration de pain descend à 12 onces; celle de viande à 8 onces. Il y a, ce même jour, 291 malades dans les hôpitaux militaires. Le 6 février, les distributions de viande sont interrompues; le nombre des malades s'élève à 315. Le 8, l'avoine touche à sa fin; les besoins des hôpitaux croissent, mais les bouchers sont parvenus à se procurer quelques bestiaux et les distributions de viande sont reprises, le 9, pour les malades. Le 10, l'argent fait défaut. « Le seul moyen de se ravitailler, dit M. Arthur Chuquet,

---

(1) Cette mesure fut prise sur le conseil de Beaunier, qui avait découvert 3.000 hectolitres d'avoine.

c'était d'acheter les denrées, même à un prix exorbitant, même quatre fois plus cher qu'elles ne valaient en temps ordinaire, soit aux habitants qui les cachaient, soit aux contrebandiers, « coureurs » ou « pourvoyeurs » qui les apportaient du dehors » (1). Le commandant Legrand n'ose pas frapper les Belfortains d'un nouvel impôt. Il invite, au nom de la patrie, en celui de la garnison, « dont le zèle mérite des égards », les citoyens aisés à lui faire des avances sur leurs contributions de l'année courante. Le maire Quellain est chargé de recueillir 3.600 francs.

La sortie du 29 janvier avait procuré quelques ressources ; Legrand prend ses mesures pour une sortie nouvelle, dont il attend les mêmes résultats, et il adresse, le 13 février, aux troupes sous ses ordres, la proclamation que voici :

> Soldats !
> Une sortie a été jugée nécessaire par vos chefs ; elle a pour but de faire des vivres. Je compte sur vous dans cette circonstance. Vous m'avez prouvé que je puis vous accorder ma confiance.
> Que la discipline la plus exacte soit maintenue dans vos rangs ; elle est le signal du succès.
>
> LEGRAND.

La sortie a lieu le même jour, à 10 heures du matin. Tandis qu'une faible colonne opère une diversion du côté de Pérouse, 300 fantassins et 40 cavaliers menacent Danjoutin. Les chasseurs

---

(1) A. CHUQUET, p. 277.

à cheval, formés à l'abri des maisons, se préci-
pitent sur les hauteurs de la Perche, surprennent
et sabrent les vedettes autrichiennes et tombent
sur les avant-postes qu'elles refoulent. L'infanterie les soutient avec 3 canons. Un violent combat
s'engage aux abords et jusque dans les rues de
Danjoutin. Les deux compagnies de Kaiser, qui
gardent ce village, le défendent pied à pied. Elles
permettent à une troisième compagnie de ce même
régiment d'accourir de Bavilliers, sur le flanc
droit des assaillants, avec un obusier de 7 et une
pièce de 6, et les Français, alors écrasés sous le
nombre, commencent leur retraite. Ils la pour-
suivent lentement, d'abord dans la plaine, puis
sur les hauteurs de la Perche, enfin dans le faubourg, où ils s'arrêtent sous la protection de l'artillerie du château. La garnison de Belfort compte
6 morts, 46 blessés dont 3 officiers, et 6 prisonniers. Les pertes des Autrichiens seraient encore,
d'après le *Journal de siège*, de « 200 hommes dônt
32 prisonniers ». Mais il est évident que ces éva-
luations des pertes subies par l'adversaire ne
sauraient être rigoureusement exactes, au moins
pour ce qui regarde le chiffre des tués et des
blessés. Elles sont basées sur des renseignements
que Legrand ne pouvait pas contrôler, et les
chiffres : 10 tués, 30 blessés et 30 prisonniers,
qu'indique, pour le combat de Danjoutin, la relation contemporaine dont nous avons déjà parlé,
paraissent plus croyables.

Le 14, le commandant Legrand sollicite vainement l'échange de 44 prisonniers. Le 16, le plomb
manque. Le maire Quellain est requis d'en fournir. Jusqu'à la fin du siège, les escarmouches de-
viennent fréquentes.

Le 21, dans l'après-midi, un détachement français, rentrant de faire des fagots au bois de la
Perche, est attaqué par des postes ennemis entre
Pérouse et Danjoutin et perd une vingtaine
d'hommes. Le commandant de l'avant-poste du
château, dit le Fourneau (1), est accusé d'avoir
provoqué cette attaque en tirant sans raison sur
les Autrichiens, et puni pour cette faute.

Le 24, il est fait à la garnison une distribution
de viande de cheval. Le 2 mars, on démolit la
vieille prévôté pour avoir du bois de chauffage.
Le 3, le commandant Legrand écrit au sous-préfet
Mengaud pour lui demander de rechercher, de
concert avec le maire, les avoines qui peuvent
encore exister. Faisant allusion, le même jour,
aux services rendus jusque-là par les Dames de la
charité, « épouses de citoyens respectables de la
commune », il déclare, dans son *Journal*, « que le
dévouement de ces dames pour l'humanité souf-
frante, dans la circonstance actuelle, doit être
apprécié par toutes les âmes sensibles. Aucunes
peines, dit-il encore, aucuns sacrifices ne leur coû

_____

(1) Le faubourg du Fourneau, dans lequel se trouvait cet
avant-poste, tirait son nom d'une usine ou haut fourneau pour la
fabrication du fer.

tent. Les citoyens aisés de la commune secondent leurs bonnes intentions par des dons gratuits. »

Le 6, un appel pressant est adressé aux Belfortains pour en obtenir de l'argent. Le commandant Legrand assure qu'il signalera à Napoléon les généreux citoyens qui se seront sacrifiés « pour sauver l'Empire et l'honneur du nom français », mais ses instances ne trouvent pas d'écho. Le procureur impérial Parrot refuse avec éclat de souscrire et son exemple n'est que trop suivi. Vingt-quatre personnes sont taxées, d'après leur fortune, à des sommes qui varient de 100 à 600 francs.

Le 8, le sous-lieutenant de Malherbe, du 14e chasseurs, quitte Belfort à la faveur d'un déguisement. Il a pour mission de traverser les lignes ennemies et « d'arriver au premier poste français sur la route de Langres et Troyes, afin de faire connaître, s'il est possible, au Gouvernement, la situation de la place. » Legrand fait demander au général Drechsel de renoncer aux tirailleries d'avant-postes, qui ne peuvent amener aucun résultat décisif et occasionnent d'inutiles victimes. Le général Drechsel y consent, mais l'accord n'est pas observé et, dès le 10, les coups de feu recommencent.

Le 12, le général Drechsel écrit derechef au commandant Legrand. Il cherche à le persuader que sa résistance est superflue, puisque les communications des Alliés se font partout librement autour de la place. Il lui offre des conditions honorables et ajoute que « la mort d'un soldat, d'un citoyen qui succombe sans but est un vol fait à son pays ». Legrand répond qu'il n'a jamais ignoré les privations et les maux qui attendaient les soldats et les habitants de Belfort, mais aussi « qu'il a compté sur la bravoure des uns et la résignation des autres, et que ni cette bravoure ni cette résignation ne se sont encore démenties ». Il exprime à nouveau son intention bien arrêtée de lutter jusqu'au bout. « Je désire, autant que je l'espère, dit-il, que par le premier parlementaire vous m'appreniez que la paix est faite entre nos deux Souverains. Les Français et les Autrichiens ne sont pas nés pour ne se parler qu'à coups de canon. »

La situation du commandant Legrand empire malheureusement de plus en plus. Les denrées de la place sont hors de prix. La ration de pain, depuis le 1ᵉʳ mars, n'est que de 8 onces d'un mauvais mélange de farine d'orge et d'avoine. La viande de cheval se vend 34 sous la livre, la douzaine d'œufs vaut un écu, le sac de farine 50 écus.

Le 13 mars, le Conseil de défense décide de mettre aux enchères les tabacs de l'entrepôt « pour en employer le montant aux achats indispensables, afin de donner des ressources permettant de pousser, jusqu'à la dernière extrémité, la défense de la place ». Cette vente produit 5.964 fr. 80 c., qui sont versés aussitôt dans la caisse du receveur de l'arrondissement.

Le 15, pour se procurer de nouvelles ressources, le commandant Legrand réunit les bourgeois les plus notables de la ville. Ils consentent à payer les trois premiers mois de la contribution de 1814, entre les mains de commissaires nommés par eux, pourvu que les pauvres de la ville soient admis au partage des vivres qui seront achetés avec cet argent.

Une sortie de la garnison devant avoir lieu le même jour, l'artillerie du château tire de tous les côtés, plus particulièrement sur Bavilliers, avec plus de violence que de coutume. Vers 4 heures, la canonnade redouble contre la Forge. Les postes avancés commencent le feu, mais les Autrichiens répondent vigoureusement et mettent leurs adversaires dans l'impossibilité de dépasser les faubourgs. Les chasseurs du 14e régiment, engagés dès le début de l'action sur la route de Valdoie, sont ramenés par un détachement de chevau-légers (1).

Le 21 mars était l'anniversaire de la naissance du Roi de Rome. Le commandant Legrand forme le projet de donner à cette fête tout l'éclat pos-

---

(1) Le polk de cosaques, laissé par le général Rajevsky, était parti pour rejoindre l'armée russe. Le général Drechsel, pour le remplacer, avait retenu, de son propre mouvement, 4 officiers et 265 hommes, hussards et chevau-légers, qui se rendaient en Champagne. Le corps de blocus s'était accru d'un bataillon de Vogelsang envoyé par Schwarzenberg. La maladie, provoquée par les rigueurs de la température, faisait de très grands ravages parmi les Autrichiens, malgré toutes les précautions que l'on avait prises pour y remédier.

sible et le colonel Kail est envoyé auprès du général Drechsel pour lui demander une suspension
d'armes qui est accordée. A 11 heures du matin,
les autorités civiles et militaires, escortées par un
détachement d'infanterie et précédées de la mu-
sique, se rendent à l'église. Un *Te Deum* est chanté
solennellement et une parade complète la céré-
monie. Dans la soirée, les officiers de la garnison
et les principaux fonctionnaires se réunissent en
un maigre banquet, suffisant du moins pour leur
permettre de porter des toasts « au succès des
armes de Napoléon et à la perpétuité de sa
dynastie. » Le commandant Legrand remercie
Drechsel de sa courtoisie en lui rendant sans condition tous les prisonniers que l'on a faits. La
garnison en profite, du reste, puisqu'elle se débar-
rasse, par ce moyen, de bouches inutiles.

* *

Prises dans leur ensemble, les troupes actives
de Belfort sont dignes de leur chef. Des déser-
tions, toutefois, se produisent communément (1).
Elles apprennent à Drechsel que le décourage-
ment règne dans la place, que les hôpitaux re-
gorgent de malades, que la famine se fait sentir.

Le 27, le général autrichien s'adresse encore à
son adversaire. Il rend justice à son courage et

---

(1) Voy. le *Journal de Triponé* (dans *Revue d'Alsace*, 1875) et
SCHELS, *Die Blokade von Belfort*, p. 189.

lui témoigne son estime, mais il l'engage plus que
jamais à terminer sa résistance. Le commandant
Legrand lui répond :

> A Monsieur le Général commandant les troupes
> autrichiennes formant le blocus de Belfort,
> à Bavilliers.

Monsieur le Général, aucune considération ne doit arrêter
un militaire qui marche dans le sentier de l'honneur. C'est
le plan que j'ai suivi sévèrement dans la défense de la place
confiée à mon commandement ; Votre Excellence a bien
voulu me témoigner son estime sur la conduite que j'ai
tenue jusqu'à ce jour. Ce sentiment de la part d'un brave
militaire tel que vous, monsieur le Général, m'honore trop
et est trop cher à mon cœur pour que je ne cherche pas à
forcer Votre Excellence à porter ses sentiments d'estime
pour moi et ma brave garnison au plus haut degré ; et ce
n'est que par une défense qui ne doit cesser que faute de
moyens, que j'aurai acquis aux yeux de mon souverain, à
ceux des Français et aux vôtres, le prix de mon dévouement,
c'est[-à-dire] l'honneur sans nuage.

Je suis charmé que Son Excellence le Prince de Schwart-
zemberg ait autorisé Votre Excellence à traiter avec moi
pour la reddition de la place et château de Belfort. Cette
condescendance de la part du Prince me garantit de la
vôtre, lorsque le moment de parler capitulation sera arrivé,
des conditions d'autant plus honorables qu'elles seront basées
sur une défense que Votre Excellence aura su apprécier.

Il ne serait pas plus honorable pour un général des
Princes alliés, de recevoir les clefs d'une place qui aurait
encore des moyens de défense, qu'à moi de les céder lorsque
l'honneur me le défend.

Agréez, je vous prie, monsieur le Général, etc.

LEGRAND.

Le 28, on met aux enchères les bois de construction que l'artillerie n'a pas utilisés, soit 42 pièces de sapin et 7 pièces de chêne en grume, et tous les objets les plus disparates : vieux riblons, fers de rebut, moyeux, calibres de cuivre, etc., que renferme l'arsenal. Cette vente, et celle de 400 sacs de la halle au blé, produisent 5.348 fr. 85 c., qui entrent dans la caisse du receveur de l'arrondissement. Les notables de la ville sont encore rassemblés pour fournir de l'argent. Le montant de la souscription qui est ouverte s'élève à 3.335 francs, dont 1.730 en argent et 1.605 en effets.

Le 30, la cohorte urbaine est convoquée pour être passée en revue.

« Monsieur le colonel et moi, écrit Legrand, le 1er avril, au maire de la ville, avons dit à monsieur le général Mengaud que le service de la cohorte n'aurait lieu que dans un cas de presse, et cela dans la place, mais qu'il serait honorable pour elle d'être rassemblée. Aussi, je compte qu'avec le concours des deux premiers magistrats, demain à 11 heures du matin, M. le colonel Kail, en sa qualité de commandant du personnel de la garnison, sera à même de passer la cohorte en revue. M. Florance la rassemblera ».

Mais rassembler la cohorte n'est pas facile. La revue ne peut avoir lieu que le 3 avril et on y constate de nombreux manquants. Un officier qui ne s'est pas présenté, et de plus a tenu des propos grossiers contre le colonel Kail, est puni de prison.

La suspension d'armes du 21 avait, en réalité,
duré jusqu'au 24. Dans la journée du 25, le feu
avait repris sur tous les fronts et les avant-postes
s'étaient, comme par le passé, fusillés sans trêve.
Le 3 avril, ce combat d'avant-postes qui, d'ordinaire, se terminait à la nuit, ne cesse qu'à
10 heures du soir.

* *

Les Alliés étaient entrés dans Paris; l'Empereur,
déchu du trône par le Sénat, allait clore par
l'abdication de Fontainebleau son immortelle
campagne de 1814. Aux nouvelles, que Drechsel
reçoit le 6 avril, et qu'il ne manque pas de faire
connaître, les mécontents de Belfort exultent.
« Les partisans de Bonaparte, écrit l'un d'eux,
le notaire Triponé, sont consternés; la joie est
dans tous les cœurs » (1). Prévoyant bien que
l'impunité leur est acquise désormais, ils provo-
quent, par tous les moyens, l'indiscipline des soldats. Une sédition est imminente. Le commandant Legrand essaie de la conjurer par cette proclamation que rédige le colonel Kail :

Soldats !

Vos chefs sont instruits que des malveillants cherchent à
vous égarer : déjà des écrits les plus incendiaires ont été
trouvés. On veut vous les attribuer et faire croire que l'in-
subordination et la révolte germent dans votre sein. Serait-

(1) Voyez c *Journal de Triponé* (dans *Revue d'Alsace*, 1875,
pp. 104 à 141). — A. Chuquet, p. 280.

il possible que des hommes qui ont montré tant de dévouement à leur patrie, tant de zèle à remplir leurs devoirs et une subordination si grande, qu'aucun de vous, jusqu'à ce jour, n'a laissé éclater la moindre plainte, vous puissiez vous porter aux excès que je viens de vous dire ? Non, soldats ! Vos chefs savent mieux vous rendre justice ; ils connaissent vos peines, vos fatigues, vos privations ; ils y compatissent et font tout ce qu'ils peuvent pour les alléger. Leurs devoirs leur sont sacrés envers vous et envers le Gouvernement. Ils les rempliront envers l'un et l'autre et se rendront dignes de l'estime de tous deux.

Encore un peu de patience, soldats ! et votre tâche et celle de vos chefs seront remplies. Je vous en donne ma parole ! Continuez à bien servir et vous aurez satisfait à l'honneur et à vos devoirs envers la patrie.

Le colonel commandant le personnel,
KAIL.

Approuvé par le commandant d'armes de la place et château en état de siège,

LEGRAND.

Le maire Quellain se plaint d'être en butte, chaque jour, aux outrages de ses administrés. L'un d'eux, du nom de George, qui ne lui pardonne pas de l'avoir fait figurer sur la liste des vingt-quatre noms, se montre plus particulièrement grossier à son égard. Le commandant Legrand l'encourage à supporter stoïquement sa mauvaise fortune :

Depuis bien des années, lui écrit-il, je rends justice aux fonctions que vous avez remplies ; rien à cet égard n'ébranlera mon opinion. Dans des circonstances malheureuses comme dans toutes autres, monsieur le Maire, l'union seule

peut nous donner de la force. Mon plus grand chagrin serait
de voir le magistrat remplissant ses devoirs en proie aux
mauvais procédés de la part de ses administrés. Je saurais,
monsieur le Maire, quoique peu élevé en grade, faire connaître à qui de droit vos bonnes intentions, comme aussi
le zèle qui vous anime pour le bien public, et les contra-
riétés que vous avez éprouvées.

Toutes ces difficultés sont les signes avant-cou-
reurs d'un dénouement prochain. Le commandant
Legrand ne s'y trompe pas. Le 10, il réunit son
Conseil de défense. Il lui expose le parti inespéré
que l'on a tiré de toutes choses. Les chevaux de
troupe, ceux de la gendarmerie, presque tous ceux
des officiers et des habitants ont été mangés ;
avant peu le reste subira le même sort. Les admi-
nistrateurs des soupes économiques ont épuisé
leurs provisions. L'argent manque, et, d'ailleurs,
il est impossible de trouver des denrées. Beaucoup
d'habitants, dépourvus de tout, doivent renoncer
à nourrir généreusement les soldats qu'ils logent.
On n'a plus que pour dix jours de pain.

« Chaque jour, dit Legrand, nous nous assem-
blons et nous constatons que nos moyens d'existence, depuis près d'un mois, diminuent considérablement. Les malades augmentent. Il faut aviser
au parti qu'il paraîtra convenable de prendre dans
ces malheureuses circonstances, méditer dans votre
sagesse les observations que m'ont faites les officiers de santé et la situation de la garnison. Il
paraît impossible de réduire la ration, d'autant

mieux que le pain n'est composé que d'avoine...»

Le Conseil délibère alors « que M. le commandant d'armes doit, dans cette critique circonstance, mettre en usage les moyens que les lois ont mis en son pouvoir pour régler la capitulation la plus honorable pour une garnison qui a éprouvé tant de privations ».

L'heure tragique si obstinément différée vient de sonner pour les défenseurs de Belfort.

* *

A l'issue de la longue séance où sont prises les résolutions qui précèdent le commandant Legrand écrit la lettre suivante au général Drechsel :

A M. le Général commandant les troupes autrichiennes formant le blocus de Belfort, à Bavilliers

Monsieur le Général, j'ai l'honneur de prévenir Votre Excellence que demain, entre 9 et 10 heures du matin, deux officiers chargés de mes instructions se rendront près d'Elle pour traiter d'un service important. J'attendrai à cet égard, Monsieur le Général, votre assentiment pour faire passer à vos avant-postes les deux officiers qui ont toute ma confiance.

LEGRAND.

Le lendemain, après l'acceptation du général Drechsel, le commandant Legrand remet à ses mandataires, le colonel Kail et le capitaine Emon, la lettre que voici :

A M. le Général commandant les troupes autrichiennes,
à Bavilliers.

Monsieur le Général, j'ai rempli à l'égard de mon souverain et de ma patrie les devoirs sacrés que l'honneur m'im-
posait : j'ai défendu pendant plus de trois mois et demi la
place qui m'était confiée. Je dois cette longue résistance aux
efforts, à la bravoure et aux privations multipliées de ma
brave garnison. Les officiers de tous grades et les soldats se
sont couverts d'une gloire que rien ne peut ternir, et c'est
cette même Gloire qui leur donne des droits au traitement
honorable qu'ils attendent de Votre Excellence.

J'ai donc l'honneur d'adresser à Votre Excellence les articles de capitulation que je crois devoir lui proposer. En les
acceptant, vous saurez, Monsieur le Général, apprécier les
égards que l'on doit à de braves soldats qui, quoique ennemis par les événements de la guerre, n'en ont pas moins de
droit à cette estime réciproque fondée sur l'honneur et sur
la loyauté militaire.

M. le colonel Kail, ainsi que M. le capitaine Emon, qui
se rendront auprès de vous, Monsieur le Général, sont plei-
nement autorisés par moi à entrer dans les détails et les
observations nécessaires sur ma proposition; leur travail,
néanmoins, reste subordonné à ma ratification.

En me conduisant comme je l'ai fait, j'aurai mérité l'estime de Votre Excellence à laquelle j'attache le plus grand
prix.

Le commandant d'armes,
LEGRAND.

Pour discuter le projet de capitulation qu'annonce cette lettre, le général Drechsel désigne le
major Young et les capitaines Scherer et Gersdorf.
La conférence, ouverte le 11, ne se termine que
le jour suivant. L'article 1er du projet fait l'objet
d'un assez long débat. Legrand insiste pour ne

livrer sa place que le 16, à 8 heures du matin, mais n'obtient que partiellement gain de cause. La capitulation définitive est arrêtée dans les termes ci-après :

Capitulation faite entre M. Legrand, chef de bataillon, commandant la ville et le château de Belfort, et M. le lieutenant-général baron de Drechsel, commandant les troupes de blocus desdits ville et château.

Des commissaires ont été nommés de part et d'autre.
M. le commandant Legrand a nommé MM. Kail, colonel du 63e régiment d'infanterie, officier de la Légion d'honneur, et Emon, capitaine, chef du génie, et M. le général Drechsel, MM. Young, major au régiment Kaiser-Infanterie ; Scherrer, capitaine au même régiment, et Gersdorf, capitaine du génie.

Ces Messieurs, munis de pleins pouvoirs pour traiter, sont convenus de ce qui suit ; savoir :

Article premier.

La ville et le château seront rendus à M. le lieutenant-général commandant les troupes du blocus, le seize avril, présent mois, à huit heures du matin, dans le même état où l'on a commencé la présente capitulation, c'est-à-dire au douze du présent mois.

La ville et le château de Belfort seront reçus par les troupes autrichiennes, au nom et pour le Gouvernement provisoire français, le seize avril présent mois, à huit heures du matin, dans le même état où ils se trouvaient lorsqu'on a commencé la présente capitulation. La porte de France et la porte de secours au château seront occupées par les troupes de Sa Majesté l'Empereur

3.

d'Autriche, le quinze, à huit heures du matin, et demain, treize du courant, la porte de France sera occupée, à six heures du matin, par un officier, un sergent, deux caporaux et vingt hommes de la garnison, et par un même nombre d'hommes de même grade des troupes autrichiennes; les postes français extérieurs rentreront dans l'intérieur des fortifications de la place à la même heure; dès lors, toutes les communications seront libres sur tous les points.

ARTICLE 2.

La garnison sortira avec armes et bagages, tambour battant, mèche allumée, précédée de deux pièces de canons et de deux caissons, au choix du commandant.

Accordé.

ARTICLE 3.

Les officiers conserveront leurs chevaux, armes et bagages.

Dès que la garnison aura dépassé le faubourg de France et sera arrivée sur la route de Paris, elle déposera les armes. Les deux pièces de canons, ainsi que les deux caissons, les chevaux d'artillerie, de cavalerie et du train seront rendus aux troupes autrichiennes. Les officiers garderont leurs armes, leurs chevaux et tous les effets qui leur appartiennent. Les sous-officiers, soldats et domestiques des officiers conserveront leurs bagages.

ARTICLE 4.

La garnison sera rendue aux avant postes français par le chemin le plus court; elle emmènera les deux pièces de canon dont il est parlé à l'article premier.

Tous les conscrits seront renvoyés chez eux d'après le décret du Gouvernement provisoire de France du cinq avril année courante.

Les vieux soldats qui forment les dépôts de plusieurs régiments seront dirigés sur un lieu non loin de la place qui leur sera désigné pour y attendre des ordres ultérieurs.

Les officiers seront libres de suivre leurs troupes ou de se retirer où bon leur semblera.

Refusé.

NOTA. — La garnison prêtera le serment de ne pas porter les armes contre les puissances alliées jusqu'à la conclusion de la paix ou l'échange.

ARTICLE 5.

Il sera fourni des voitures pour le transport des malades et blessés dont la situation leur permettra de suivre la garnison ou de se rendre dans leurs foyers.

Accordé.

ARTICLE 6.

Les malades et blessés qui seront laissés en ville seront traités par des officiers de santé français qui seront désignés par le commandant ; après leur guérison, il leur sera également fourni des moyens de transport pour se rendre dans leurs foyers.

Accordé.

ARTICLE 7.

Les caisses, papiers, et généralement tout ce qui appartient à l'administration générale des corps sera respecté. Il sera, en conséquence, fourni des voitures pour le transport de tous les effets, qui suivront, autant que possible, la troupe de la garnison.

Tous les arsenaux, ateliers, établissements militaires, magasins, caissons, artillerie, papiers regardant la place, cartes, plans et dessins, seront, avec loyauté, réunis entre les mains des commissaires qui seront chargés, de part et d'autre, pour rendre et prendre la consigne de tous les objets ci-dessus désignés.

Les papiers qui regardent l'administration particulière des corps pourront être transportés par la garnison.

Article 8.

1º La ville, autant que possible, ne sera pas sujette au logement de passage.

2º Les troupes qui devront composer la garnison seront casernées, et les habitants ne seront pas astreints à les nourrir.

3º Il ne sera prélevé aucune imposition de guerre.

4º Nul citoyen ne pourra être inquiété relativement à ses opinions politiques et religieuses, ni pour aucun fait qui se serait passé pendant le blocus.

5º Les personnes et les propriétés, tant de la ville que des faubourgs, seront respectées.

6º Les bourgeois qui désireront quitter la ville pourront se retirer partout où bon leur semblera avec les effets qu'ils voudront emmener; ils seront, à cet effet, autorisés à se procurer les moyens de transport nécessaires.

1º Les habitants seront soulagés, autant que possible, pour le logement des troupes de passage.

2º Ce paragraphe sera dans le même sens que le premier.

3º Ce paragraphe ne dépend pas de M. le général commandant le blocus.

4º Accordé.

5º Accordé.

6º C'est à l'autorité civile à décider de ce paragraphe.

ARTICLE 9.

L'hôpital n'étant point une administration du Gouvernement, mais appartenant à l'hospice civil, tout son mobilier lui restera comme propriété de l'économie et de l'administration de l'hospice civil.

Le Gouvernement français décidera de cet article.

ARTICLE 10.

Les vivres, logements et indemnités d'étapes seront fournis aux officiers, sous-officiers et soldats de la garnison pour se rendre à destination.

Accordé.

ARTICLE 11.

Si, dans les articles de la présente capitulation, il s'en trouvait qui offrent deux sens différents, ils seront interprétés à l'avantage de la garnison.

Accordé.

Fait et arrêté à la maison Gasner, le douze avril mil huit cent quatorze.

KAIL, EMON,
YOUNG, SCHERER, GERSDORF.

Vu et ratifié à Belfort, le douze avril mil huit cent quatorze, par nous, commandant des ville et château de Belfort.

LEGRAND.

Vu et ratifié à Bavilliers, le douze avril mil huit cent quatorze, par nous, commandant le blocus de Belfort.

Le baron DRECHSEL, général de division.

Lorsque la capitulation est devenue officielle, le commandant Legrand désigne les deux médecins militaires — le chirurgien aide-major Regnault, du 63ᵉ, et le chirurgien sous-aide-major Crouzet, du 2ᵉ — qui doivent rester dans Belfort pour y soigner les malades et les blessés placés « sous la générosité de l'ennemi ».

Le 13, il fait ses adieux à la troupe par cet ordre :

> A Messieurs les Chefs, officiers et à tous les militaires qui composent la garnison de la place de Belfort.

> Braves soldats !

La place et le Château que vous avez défendu pendant 113 jours, avec autant de valeur que de patience, vous immortaliseront dans les fastes de l'histoire. Faibles dans tous nos moyens de défense, votre héroïsme a suppléé à tout ce qui nous a manqué. Une capitulation honorable qu'un ennemi généreux ne peut refuser à votre belle conduite sera le prix de votre longue résistance ; vous avez su braver le feu de l'ennemi, vous avez supporté avec courage les privations nécessaires à l'existence ; les frimats, les neiges d'un hiver rigoureux ne vous ont point abattu. Vous êtes restés inébranlables à vos devoirs; tels sont les titres que vous avez à l'estime et à la reconnaissance de la patrie. Soldats, je m'empresserai de transmettre au Gouvernement la relation du siège dans lequel vous vous êtes montrés si vaillamment.

Recevez, généreux compagnons d'armes, les sentiments d'estime, d'admiration et de reconnaissance que je vous dois et qui jamais ne s'effaceront de mon âme.

Le commandant d'armes,
LEGRAND.

Le 15, le commandant Legrand rend compte au lieutenant-général Desbureaux « baron de l'Empire et commandant de la 5ᵉ division militaire à Strasbourg », des événements qui se sont passés :

Les pièces que j'ai l'honneur de vous adresser (1) vous feront connaître, lui dit-il, que le manque de vivres m'a mis dans la dure nécessité, de même que ma brave garnison, de rendre la ville et le château de Belfort. Il en a beaucoup coûté à mon cœur dans cette circonstance, mais, mon Général, les privations de tout genre que les militaires et les citoyens ont éprouvées pendant 113 jours sont au-dessus de toutes expressions; aussi, chacun de nous a rempli ses devoirs.

Le même jour, il remercie la population du concours qu'elle lui a prêté, et fait afficher la proclamation suivante :

Le Commandant d'armes des place et château de Belfort, aux habitants de la ville.

Citoyens !

C'est à vos généreux efforts, aux secours multipliés que vous avez prodigués à la garnison, que nous devons la longue résistance que nous avons mis à défendre notre place. Enfermée pendant 113 jours dans une ville qui était dénuée de toutes espèces d'approvisionnement, la garnison n'a trouvé ses subsistances que dans les vôtres. Vous avez logé le soldat et vous avez suppléé à l'insuffisance de sa nourriture en partageant la vôtre avec lui. Vos maisons ont été

---

(1) Note des pièces : 1° capitulation ; 2° la lettre à M. le général autrichien ; 3° le rapport fait par le commandant d'armes au Conseil de défense. Le tout a été remis à M. de Lalombardière, commandant de l'artillerie.

remplies de malades, vous les avez soignés et beaucoup de bourgeois ont été la victime de leur dévouement.

Habitué à vivre au milieu de vous, j'ai eu souvent l'occasion de juger qu'aucun sacrifice ne vous coûtait, lorsqu'on vous parlait au nom de la patrie et de l'honneur.

Recevez, braves habitants, le tribut de reconnaissance que je vous dois, tant en mon nom qu'en celui des valeureux militaires que j'ai eu l'honneur de commander ; en quittant momentanément votre place, mon plus vif regret sera de m'éloigner d'une ville, que j'ai habité pendant 18 ans, et dans laquelle je n'ai éprouvé que des marques d'estime et de confiance. Conservez-moi le même attachement que je vous ai voué pour la vie.

LEGRAND.

Le 16 au matin, 51 officiers et 1.580 soldats, laissant derrière eux 295 malades, sortent de Belfort par la porte de France.

Après avoir subi la dure nécessité de déposer leurs armes, les Français de la garnison sont escortés jusqu'à Vesoul et les Piémontais jusqu'à Bâle.

S'ils ne se « taisaient » pas toujours, si des Belfortains, parmi ceux que le public désignait sous le nom de *cabinet de Saint-Pétersbourg*, suivaient le fâcheux exemple que leur donnait le procureur impérial Parrot, du moins la prudence leur conseillait-elle, pendant le siège, de ne pas attaquer trop ouvertement les « tyrans » de la garnison de Belfort. Mais l'oubli que le commandant Legrand pratiquait en ne séparant pas, dans sa proclamation, les habitants qui furent admirables de conduite, de ceux qui ne cessèrent de réclamer la reddition immédiate de la place, ne s'était pas fait dans leur esprit.

» Ceux, dit M. Chuquet, qui s'irritaient de l'état de siège et des perquisitions domiciliaires, ceux qui refusaient de payer leurs contributions et de livrer à la garnison leurs provisions et leurs chevaux, accusèrent d'imprévoyance, de despotisme et de dilapidations Legrand, Kail et Lalombardière. Ils écrivirent au roi et au commissaire extraordinaire du roi, le chevalier de La Salle, puis au ministre de la guerre, puis au ministre des affaires étrangères, que les chefs militaires les avaient opprimés; qu'ils avaient nourri le soldat aux dépens du bourgeois; qu'ils avaient logé chez l'habitant les deux tiers de la garnison, bien qu'il y eût dans Belfort des casernes en bon état; qu'ils avaient exigé de la bourgeoisie l'arriéré et le supplément des contributions de 1813 et un acompte sur les contributions de 1814; qu'ils avaient traité la population civile non pas avec les ménagements que mérite le malheur, mais avec mépris et dureté; que c'étaient des hommes de 1793, des hommes « avides et féroces »; qu'il ne fallait pas leur permettre d'avoir désormais un commandement dans la ville; qu'elle regarderait leur retour comme le plus grand des maux » (1).

_____

(1) A. Chuquet, p. 285.

Le 23 mars, en présence des membres du Conseil de défense, Legrand avait justifié, sur pièces, de l'emploi des sommes recueillies par le receveur de l'arrondissement, M. Haas. Il en était résulté, et les membres du Conseil l'avaient reconnu, que les dépenses soldées par le commandant d'armes dépassaient de quelques centaines de francs le montant, environ 60.000 francs, de ses recettes (1). Il n'en fut pas moins accusé de s'être approprié les sommes qui provenaient des contributions et des enchères et de les avoir dilapidées avec la complicité du colonel Kail. « On le représentait, dit M. Chuquet, comme un homme cupide, qui faisait argent de tout et spéculait sur tout » (2). Le colonel Kail était non moins détesté par les mécontents. « On ne pouvait lui reprocher, dit encore M. Chuquet, que d'avoir acheté et donné au 63ᵉ, dont il était colonel, à l'exclusion des autres corps, un supplément de pain et de riz ; encore avait-il pris les fonds dans la caisse du régiment. » Mais on lui faisait un crime d'avoir voulu astreindre la garde nationale au service militaire. On répétait qu'il avait menacé les Belfortains de tirer sur eux à mitraille, et la haine que lui portaient certains habitants était telle, que plusieurs, perdant toute mesure, ne craignirent pas de le représenter comme un furieux et un prévaricateur qui déshonorait son uni-

(1) *Cahier des délibérations*, 23 mars.
(2) A. Chuquet, p. 286

forme (1). De Lalombardière échappait aux accu-
sations de vol. Son désintéressement était connu.
On n'ignorait pas que cet homme de cœur avait
partagé sa bourse, durant le blocus, avec les officiers du château. On savait qu'il avait fait un
emprunt au moment de son départ et vendu ce
qu'il avait de plus précieux pour venir en aide à
l'infortune de ses camarades. Il n'était haï et dé-
noncé que pour avoir menacé, comme Kail, de
faire canonner les maisons de ceux qui se refusaient à payer l'impôt (2).

* *

Les clameurs contre le colonel Kail, de Lalombardière, d'autres encore, se calmèrent assez vite.
Contre le commandant Legrand, la rancune fut
plus tenace. Un Belfortain, le général Boyer,
écrivit au ministre pour lui demander de renvoyer
cet officier d'une ville « où il n'avait plus l'estime
des honnêtes gens et cette considération dont doit
jouir un délégué de Sa Majesté. » Le chevalier de
La Salle, moins violent, fit connaître que « Legrand
paraissait peu aimé et qu'on le verrait revenir
avec déplaisir ».

(1) Les accusateurs de Legrand et de ses collaborateurs étaient
cependant plus bruyants et plus puissants que nombreux. Les péti-
tions au roi et au chevalier de La Salle n'étaient signées que de
quinze noms. Elles furent inspirées, sinon dictées, par deux fonctionnaires du Gouvernement impérial : le juge Klie et le receveur
de l'enregistrement Voytier.

(2) Le 63ᵉ d'infanterie et le 14ᵉ chasseurs n'échappèrent pas à
l'animadversion de quelques-uns. Le Ministre de la guerre fut prié
de ne plus établir à Belfort le dépôt de ces régiments.

Le commandant d'armes de Belfort finit par succomber sous les coups répétés de ses adversaires. On le suspend de ses fonctions ; mais il retrouve, contre ses détracteurs, l'énergie dont il a fait preuve durant le blocus. Il justifie par pièces authentiques de l'emploi de toutes les sommes qu'on lui reproche d'avoir volées. Il demande une enquête, et le bureau de police militaire, qui en est chargé, le disculpe en déclarant que toutes ses opérations furent régulières et motivées par les circonstances. Plus de quarante personnes, généraux, officiers, fonctionnaires ou particuliers, affirment la droiture et la probité de Legrand. Le général Dessolle, inspecteur général de l'infanterie, prenant les devants, est d'avis que les longs services de cet officier méritent une récompense et il insiste pour qu'on lui rende son commandement (1).

« On lui en veut, écrit le préfet du Haut-Rhin, La Vieuville, à cause des mesures rigoureuses qu'un gouverneur de ville assiégée est obligé de prendre et qui froissent plus ou moins les intérêts privés » (2). Un officier belfortain, Billig, assure que le commandant d'armes « ne quittait jamais ses vêtements » et passait à faire des rondes la plus grande partie de ses nuits. Il était partout et veillait à tout. « Je puis d'autant mieux certifier les faits, ajoute-t-il, qu'il s'est retiré avec ses adju-

---

(1) Lettre du 28 avril 1814 (*Archives de la Guerre*).
(2) Lettre du 14 juin 1814 (*Archives de la Guerre*).

dants pendant cinquante-cinq nuits dans un petit
réduit de ma maison, parce qu'elle était près des
remparts » (1). Un autre officier de la même ville,
de Robert du Châtelet, déclare que Legrand était
« essentiellement bon », et que la haine de ses
ennemis provient de la destruction, qu'il a dû
ordonner, de quelques « gloriettes » gênant le tir.
On le rend responsable des dégâts que les circonstances ont commandés, dit-il ; que serait-ce donc
s'il avait ordonné la destruction de toute habi-
tation à portée du canon de la place ? » (2).

Une enquête parallèle, que le général Desbureaux avait prescrite, était arrivée aux mêmes
conclusions. Chatelain, aide de camp du général
Dermoncourt, gouverneur de Neufbrisach, qui en
fut chargé, reconnaissait bien, dans son rapport,
que le commandant d'armes de Belfort était particulièrement responsable du défaut d'approvisionnements de la place ; il lui reprochait bien
d'avoir manqué plus d'une fois de fermeté et de
ne pas avoir su réprimer tous les abus, « peut-
être parce qu'il craignait de heurter les Belfortains qu'il connaissait depuis trop longtemps » ;
mais il déclarait que Legrand avait fait plus qu'on
ne pouvait attendre, eu égard aux faibles moyens
dont il disposait, et que son activité ne s'était pas
démentie un seul instant. « Il a dû recourir à la
rigueur, disait Chatelain ; pouvait-il user de dou-

(1) Lettre du 18 juin 1814 (*Archives de la Guerre*).
(2) Lettre du 18 juillet 1814 (*Archives de la Guerre*).

cœur envers des gens qui refusaient de se con-
former aux arrêtés du Conseil de défense? » (1).

*
* *

Le 19 septembre 1814, le Ministre de la guerre,
mieux renseigné, rend justice au commandant
Legrand. Il reconnaît que les plaintes dirigées
contre lui ne sont pas fondées et il le réintègre
dans ses fonctions à Belfort. Le préjudice qu'on
lui a causé est même réparé, dans une certaine
mesure, par la croix de la Légion d'honneur, qu'il
n'a pu obtenir sous l'Empire, et par celle de
Saint-Louis. Mais Legrand n'est pas au bout de
ses peines. Aux Cent-Jours, malgré son adhésion
à l'Empire, malgré le bureau des états-majors,
qui le soutient, le maréchal Davout le destitue et
le renvoie dans ses foyers, le 5 avril, sous pré-
texte qu'il existe « une grande méfiance et pré-
vention » contre lui et qu'on ne peut, dans les
circonstances présentes, le maintenir à son poste.
Le général Rapp, commandant du 5ᵉ corps d'ob-
servation, essaie de le faire rentrer en grâce. De
Belfort, le 17 avril, il écrit au Ministre :

(1) Rapport de Chatelain, du 22 juin 1814 (*Archives de la Guerre*).
« Plusieurs mauvais habitants, disait plus tard le général Puthod,
l'ont engagé, pendant le blocus, à ouvrir les portes à l'ennemi ; il
les a repoussés avec indignation, mais il a eu la faiblesse de ne
point les faire arrêter et juger ; ce sont ces mêmes hommes qui
l'ont calomnié, qui aujourd'hui cherchent encore à le perdre, et
qui ont attiré dans leur parti quelques personnages marquants. Ils
agissent avec un esprit particulier d'injuste vengeance ». (Lettre
du 9 octobre 1814, *Archives de la Guerre*.)

Monseigneur, durant mon séjour dans la 5e division militaire, et notamment à Belfort, j'ai pris toutes les informations possibles sur la conduite de M. le chef de bataillon Legrand, ancien commandant d'armes de Belfort, et je dois dire à Votre Excellence qu'elles lui ont été favorables... Il est constant que l'approvisionnement de cette place n'avait été commandé que pour deux mois, qu'il n'a pas même été formé et que la place a été bloquée pendant plus de trois mois et demi. La ration du pain a été réduite à 8 onces, avec de la viande de cheval; les habitants ont souffert de grandes extrémités et M. Legrand me paraît avoir fait tout ce qu'on devait attendre d'un brave homme. Je le recommande à l'équité de Votre Excellence. Il s'est retiré à Mulhausen.

Le maréchal Davout demeure inflexible. Rapp n'obtient, pour son protégé, et seulement le 21 juin, que le commandement du château d'If. Legrand ne reçoit sa lettre de service que le 22 juillet; le temps est passé, pour lui, de se rendre à destination, et l'ordonnance du 1er août 1815 le met à la retraite.

Contre la décision qui brise son épée, le commandant Legrand proteste encore. Le général Puthod l'appuie et déclare que sa réintégration dans le commandement de Belfort sera « une satisfaction publique ». Legrand n'obtient pas gain de cause. Mais le 21 décembre 1817, cet héroïque soldat, qui n'a pu se résoudre à quitter Belfort, a du moins la joie d'être nommé maire de la ville. Et, le 10 janvier 1821, le grade de lieutenant-colonel, qu'il a toujours souhaité ardemment, lui est accordé à titre honorifique.

II

On a dit de l'histoire qu'elle est un perpétuel recommencement. Comparé à celui de 1814, le siège de Belfort, soutenu par le colonel Denfert en 1870-1871, lui ressemble, en effet, sur bien des points. Il n'entre pas dans notre pensée de refaire ici, même en quelques lignes, la narration de ce siège. Les faits du reste sont trop connus (1). On sait que les Allemands voulaient, à tout prix, s'emparer de Belfort et se ménager, par là, la possibilité de revendiquer cette place plus tard, avec le reste de l'Alsace. On sait aussi que le comte de Bismarck en exigea vainement la reddition, le 23 janvier 1871, et que le refus opiniâtre qu'on lui opposa eut pour résultat de faire exclure tout d'abord les troupes de l'Est des effets de l'armistice. Nous voudrions montrer seulement, par un exemple, que si les procédés de guerre se modifient et se perfectionnent avec le temps, les caractères des hommes ne changent guère.

* *

Lorsque le général de Treskow, le 4 novembre

(1) Voir à ce sujet : THIERS et DE LA LAURENCIE, la *Défense de Belfort*, Paris, 1872.

1870, eut achevé d'investir Belfort, son premier soin fut de sommer en ces termes le colonel Denfert :

Très honoré et honorable Commandant,

Je me fais un devoir de porter très respectueusement à votre connaissance la déclaration suivante. Je n'ai pas l'intention de vous prier de me rendre Belfort; mais je vous laisse le soin de juger s'il ne conviendrait pas d'éviter à la ville toutes les horreurs d'un siège, et si votre conscience, votre devoir ne vous permettraient pas de me livrer la forteresse dont vous avez le commandement. Je n'ai d'autre intention, en vous envoyant cet écrit, que de préserver autant que possible la population du pays des horreurs de la guerre. C'est pourquoi je me permets de vous prier, dans la limite de vos pouvoirs, de faire connaître aux habitants que celui qui s'approchera de la ligne d'investissement à portée de mes canons mettra sa vie en danger. Les propriétaires des maisons situées entre la place et notre ligne d'investissement doivent se hâter de mettre tout leur mobilier en lieu sûr, car d'un instant à l'autre je puis être obligé de réduire les maisons en cendres. Je saisis cette occasion de vous assurer de mon estime particulière, et j'ai l'honneur d'être,

Votre très dévoué serviteur,

Général royal prussien, Commandant les forces prussiennes concentrées devant Belfort,

Général DE TRESKOW.

Il ne s'attira que cette fière réponse :

Général,

J'ai lu avec toute l'attention qu'elle mérite la lettre que vous m'avez fait l'honneur de m'écrire avant de commencer les hostilités. En pesant dans ma conscience les raisons que vous me développez, je ne puis m'empêcher de trouver que la retraite de l'armée prussienne est le seul moyen que conseillent à la fois l'honneur et l'humanité pour éviter à la population de Belfort les horreurs d'un siège. Nous savons tous quelle sanction vous donnerez à vos menaces, et nous nous attendons, général, à toutes les violences que vous jugerez nécessaires pour arriver à votre but ; mais nous connaissons aussi l'étendue de nos devoirs envers la France et envers la République, et nous sommes décidés à les remplir.

Veuillez agréer, général, l'assurance de ma considération très distinguée.

DENFERT-ROCHEREAU.

En 1814, autant que le permettent les circonstances, Bianchi, Schæffer et Drechsel, se montrent courtois et habiles dans leurs sommations. Finc Recberg à la même époque, de Treskow en 1870, le sont moins. S'il y a quelque habileté dans leurs lettres, elle est à ce point cachée qu'on ne l'aperçoit pas. Toute courtoisie en est exclue. On n'y trouve que la menace brutale, l'appel à la peur sous des dehors humanitaires. Finc Recberg, qui venait de quitter nos drapeaux, connaissait mieux que Treskow le caractère des Français. Il pensait bien qu'on lui objecterait des raisons dictées par le devoir et l'honneur et il se croit tout au moins tenu de rassurer le commandant Legrand sur la bravoure dont il a fait preuve. De Treskow n'escompte que l'effet moral du bombardement terrible qu'il annonce. On sourirait presque de sa lettre, où l'arrogance et la naïveté vont de pair, si la pensée ne se reportait bien vite vers les évé-

nements tragiques qu'elle évoque. A mesure que
la résistance se prolonge, Bianchi et Drechsel se
radoucissent. On sent qu'ils admirent le courage
de leurs adversaires. Ni Finc Recberg ni Treskow
ne changent rien à leur tactique. Le premier, qui
voulait « abîmer » la ville en un jour, ne laisse
entrevoir, sept jours après, que de nouvelles « dévastations » et trouve seulement que les « principes de gloire » ont leurs bornes. Le 13 février
1871, alors qu'il lui est impossible d'augmenter
la puissance, déjà excessive, de son feu, le second
écrit encore :

... Je sais que mes nouveaux moyens d'attaque coûteront
énormément de sang, et que, par suite, beaucoup de personnes civiles seront atteintes. Je considère donc comme
mon devoir, avant de recommencer mon attaque, et je vous
prie de rechef de vouloir bien peser si maintenant le temps
n'est pas venu où vous pourriez avec honneur me rendre
la place. Je me suis établi sur les Perches, et je possède les
moyens nécessaires pour détruire le Château... Belfort n'est
plus à sauver pour la France. Il dépendra donc maintenant
de vous seul d'éviter, par la conclusion d'une capitulation
honorable, une plus longue effusion de sang, et je suis tout
disposé, en considération de votre défense jusqu'ici si héroïque, à vous faire des conditions très favorables. Je suis
obligé de m'en rapporter à vous pour savoir s'il vous con-
viendra d'accepter ma proposition. Mais, d'un autre côté, ce
sera aussi sur vous que retombera la responsabilité, dans le
cas où vous m'y contraindriez, de réduire Belfort en un
monceau de cendres et d'ensevelir les habitants sous les
décombres. Je ne compte pas sur une réponse précise, mais
j'attendrai douze heures avant de recommencer mon attaque
renforcée. Si d'ici là je ne reçois pas de vous une proposi-

tion acceptable, je ne reculerai pas devant les mesures les plus extrêmes, sachant que ce seul chemin m'est tracé pour accomplir ma mission.

Comme l'avaient fait Bianchi et Drechsel pour Legrand, de Treskow est bien forcé de rendre justice aux qualités de Denfert; il n'en devient que plus violent. La vaillance de son adversaire ne lui inspire que de l'exaspération.

De Treskow, cependant n'est pas plus heureux que Finc Recberg. Il occupe Belfort, il est vrai, mais non pas en triomphateur, car Denfert ne quitte sa ville, où plus une seule maison ne reste intacte, que sur l'ordre même du Gouvernement de la défense nationale, alors que la paix est déjà certaine.

**

Ainsi donc, si nos couleurs flottent sur les murs de Belfort; si ce lambeau de notre Alsace reste, depuis trente ans, comme une pierre d'attente sur la frontière qui nous fut imposée, tout le mérite en revient à Denfert. L'histoire impartiale l'a reconnu. Mais Denfert, comme Legrand, ne fut récompensé que par l'ingratitude du dévouement sublime qu'il manifesta. Les plus basses calomnies essayèrent de l'atteindre. On lui reprocha aussi sa dureté; l'injure la plus grave qu'on puisse faire à un soldat — celle d'avoir eu peur — ne lui fut pas ménagée, et il mourut, en 1878, sans avoir dépassé le grade de colonel. Des deux statues qu'il

possède, que les admirateurs de sa vaillance lui
ont élevées comme une réparation tardive, l'une
est à Saint-Maixent, où il naquit, l'autre à Mont-
béliard.

*
* *

Nous aurions voulu pouvoir mettre sous les
yeux de nos lecteurs, si elles existent, la sommation du général autrichien Colloredo-Mansfeld et
la réponse du général Lecourbe, qui défendit Belfort pendant un second siège, durant les Cent-
Jours. Nos recherches n'ont pas abouti.

Mais les exemples tirés de la défense du commandant Legrand en 1814, de celle du colonel
Denfert en 1870-1871, suffisent pour établir qu'à
plus d'un demi-siècle d'intervalle, qu'il s'agisse
des pères ou des fils, la même valeur se manifeste
parmi les chefs et les soldats, le même patriotisme
parmi la masse des habitants.

Si la patrie n'a pas toujours témoigné digne-
ment la reconnaissance qu'elle devait à ceux de
ses fils qui se sont dévoués pour elle, qu'im-
porte ! Elle n'en reste pas moins une *Alma mater ;*
elle n'en inspirera pas moins de sacrifices. La
race des Denfert et des Legrand n'est pas et ne
sera jamais éteinte.

Et lorsque vient l'heure où les passions du moment ne sont plus en jeu, les Denfert comme les
Legrand apparaissent ce qu'ils furent : des héros.

C'est pourquoi, confiante aujourd'hui dans les

mains qui se tendent vers elle, sûre de sa propre force, certaine que les cœurs vaillants ne lui feront jamais défaut, la France garde le droit de préjuger de ses gloires futures par la longue liste de ses gloires passées. La main sur son épée, elle peut toujours, d'un regard tranquille, scruter l'inéluctable avenir.

IMPRIMERIE CHAIX, RUE BERGÈRE, 20, PARIS.— 1138-1-02.— (Encre Lorilleux).

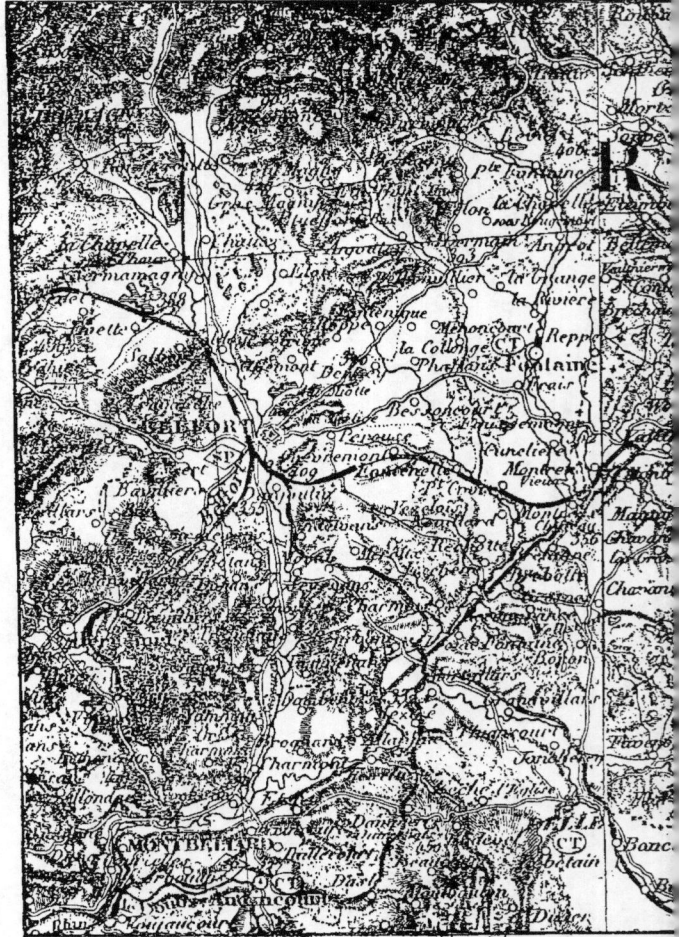

(Extrait de lá carte au 320000ᵉ

BELFORT

117

www.ingramcontent.com/pod-product-compliance
Lightning Source LLC
LaVergne TN
LVHW020948090426
835512LV00009B/1775